DE L'ÉTABLISSEMENT

DU

JURY EN ALGÉRIE

PAR

Ch. GILLOTTE

Défenseur.

CONSTANTINE, TYPOGRAPHIE ARNOLET

AVRIL — 1859

DE L'ÉTABLISSEMENT

DU

JURY EN ALGÉRIE

PAR

Ch. GILLOTTE

Défenseur.

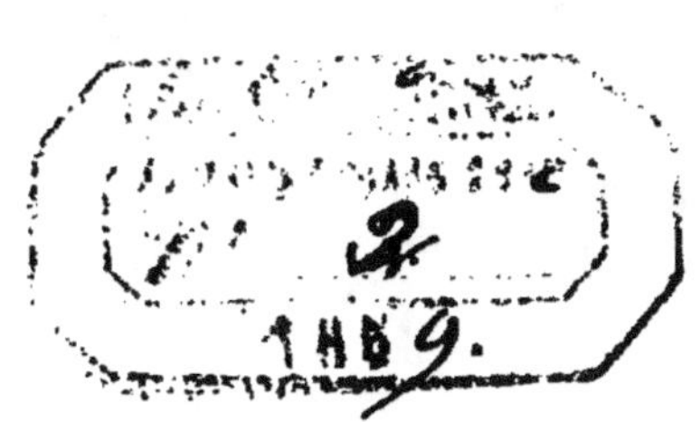

CONSTANTINE, TYPOGRAPHIE AMAVET

AVRIL—1859

DE L'ÉTABLISSEMENT

DU JURY EN ALGÉRIE

NÉCESSITÉ

DE LA FORMATION DES JURYS.

Si la justice n'était que la distribution plus ou moins raisonnée de l'arbitraire, nous n'aurions pas à nous préoccuper des formes de sa distribution, nous n'aurions qu'à nous soumettre à ses arrêts.

Mais la justice telle que la comprend notre gouvernement, se traduit en obligation : c'est l'harmonie des rapports obligatoires que les hommes doivent observer entre eux... *Justitia est constans et perpetua voluntas suum cuique tribuendi !* (Justinien institutes; lib. I tit. I.)

Il existe une très-grande différence entre l'administration de la justice civile et la distribution de la justice criminelle.

En matière de droits réels, les magistrats, par des études constantes et soutenues, peuvent seuls débrouiller les fils d'une procédure compliquée et rendre au fait dénaturé par des efforts habilement réalisés sa véritable physionomie.

En matière criminelle, c'est-à-dire lorsqu'il s'agit de savoir si tel fait existe ou n'existe pas, lorsqu'il s'agit de répondre seulement à cette question : — Un tel a-t-il *méchamment* commis telle action ? — Le concours du magistrat n'est pas nécessaire, il suffit de l'examen attentif de tout homme sain d'esprit.

Guidé par un amour vrai pour l'avenir de notre Algérie, le gouvernement est entré dans une voie de reformes qui, bientôt, porteront leurs fruits.

Nous l'avons dit autre part ; on n'a jamais arrêté et défini le but qu'on se proposait d'atteindre en favorisant l'émigration : on a fait beaucoup d'essais, des frais considérables ont été exposés, mais aucun résultat vrai n'a été obtenu.

Chaque homme a apporté son système, et chaque système a disparu avec son auteur !... Longtemps le pays a été considéré comme le centre d'activité de ceux qui ne pouvaient se soumettre aux habitudes régulières de la France, de ceux qui aspiraient à sortir des sentiers battus, de ceux enfin dont l'ambition resserrée dans les limites étroites de règles hiérarchiques bien arrêtées, ne pouvaient arriver assez vite.

Des temps meilleurs sont arrivés ; un prince, dont la retraite nous afflige, avait dit à la commission de Marseille, que l'avenir de la colonie était pour lui une *question d'honneur*, et ses actes nous prouvaient avec quelle sollicitude il entendait exécuter le programme de Limoges... Espérons que le germe fécond déposé par S. A. I. le Prince Napoléon, sur le sol algérien, éclora au souffle tout puissant du chef de l'Etat.

En nous décidant à traiter le sujet que nous abordons, nous n'entendons pas faire une opposition systématique au régime actuel ; si l'état de choses est maintenu, nous nous y soumettrons sans murmurer, car pour nous l'opposition par système a son principe dans des dispositions inquiètes et maladives ou dans une ambition déçue.

Or, nous ne sommes ni inquiets, ni ambitieux, et nous nous bornons à émettre nos idées avec cette conviction profonde que quiconque, en laissant à de plus intelligents, le soin de faire un choix judicieux, offre le fruit de son travail et le tribut de son expérience, accomplit un devoir.

Nous allons examiner comment se distribue la justice criminelle en Algérie et quelles seraient les modifications à apporter à un régime qui nous semble fâcheux.

Pour ne pas être taxé d'exagération, nous ferons remarquer qu'il ne faut pas juger de ce qui se passe en Algérie par ce qui se passe à Alger.

Là, les services régulièrement organisés fonctionnent dans un milieu particulier..... à Alger, où dans un rayon de vingt lieues, l'élément européen a refoulé l'élément indigène et à de rares exceptions près, les différentes juridictions ne sont saisies que de litiges ou de débats nés entre européens.

Dans les autres provinces, il n'en est pas ainsi : hier encore, à quelques kilomètres de Constantine, la justice civile était impuissante et les habitants étaient soumis aux juridictions exceptionnelles.

Puisque les trois provinces ne marchent pas d'un pied égal, il serait peut-être bon de leur faire suivre une voie progressive et de les amener successivement au niveau de la province d'Alger ; mais comme cette marche créerait des difficultés nombreuses, il faut mieux s'arrêter à la pensée de leur faire franchir d'un seul bond, la distance qui les sépare de la métropole.

Si, dès le principe, on avait procédé ainsi, si on avait fait moins de concessions à un peuple habitué à subir le joug, et qui se montre d'autant plus exigeant qu'on a plus de bienveillance pour lui, nous aurions bien moins de difficultés à vaincre aujourd'hui.

Certes, nous n'approuvons pas les maximes publiées par un libre penseur du seizième siècle, qui, avec une désespérante vérité, mettait à nu les plaies de l'humanité.

Nous ne dirons pas avec Nicolo Machiavelli.... Quiconque s'empare d'une ville ou d'un état, n'a qu'un moyen pour s'y maintenir ; ce moyen consiste à établir toutes choses nouvelles. — Ainsi, nouveau gouvernement, — nouveaux hommes, — autorité nouvelle...... — Il faut qu'il imite le roi David, qui, dès le commencement de sa royauté, « combla de biens ceux qui en manquaient, et renvoya les riches les mains vides... Quiconque se refuse à suivre la bonne voie doit se charger de tous ces crimes..... Les hommes se décident ordinairement à suivre des *voies moyennes* qui sont encore bien plus nuisibles, parce qu'ils ne savent être ni tout bons, ni tout mauvais. »

Mais nous n'hésitons pas à dire : « Il est regrettable que l'administration de la justice civile entre musulmans ait été laissée aux juges indigènes et que l'administration de la justice criminelle n'ait point été assise dès le principe sur des bases durables !..... Pour être respectée, la justice doit être juste. Elle n'est juste que lorsqu'elle est la même pour tous !... Elle n'est juste que quand tous les intérêts en jeu sont l'objet de la même sollicitude. »

Ceci posé, nous abordons la question que nous essaierons de résoudre.

§ 1.

De l'Administration de la Justice criminelle en Algérie.

Sous l'empire du décret impérial du 19 août 1854, la justice criminelle était rendue en territoire civil par des Cours d'Assises ayant une organisation spéciale.

L'instruction était faite par un magistrat

du Tribunal d'arrondissement ; préparé par le Procureur-Impérial du siége, l'acte d'accusation était soumis au Procureur-Général, qui renvoyait les accusés devant la cour.

La Cour d'Assises tenait ses séances dans chacun des chefs-lieux d'arrondissement ou est établi un Tribunal civil de première instance. — Elle se composait, à Alger, de cinq conseillers, dont l'un présidant ; dans les autres arrondissements, d'un conseiller président, de deux conseillers assesseurs et de deux magistrats pris parmi les membres du Tribunal de première instance, dans la circonscription duquel siégeait la Cour.

Le juge qui avait fait l'instruction pouvait être appelé à faire partie de la Cour !

Les Cours d'Assises prononçaient à la majorité et par des dispositions distinctes, sur chaque chef d'accusation, — sur les circonstances aggravantes, — sur les circonstances atténuantes, — sur l'application de la peine.

Les dispositions de l'article 3 de la loi du 20 avril et du titre 2 du décret du 6 juillet 1810, relatives à l'ouverture, à la tenue et à la clôture des Assises, les chapitres du Code d'instruction criminelle relatifs, 1° à la formation des Cours d'Assises; 2° à la procédure devant la Cour d'Assises ; 3° enfin à l'examen, au jugement et à l'exécution étaient applicables dans tout ce qui n'était pas contraire au décret de 1854 et aux dispositions des lois et ordonnances antérieures non abrogées par ledit décret.

Cet état de chose n'a été qu'en partie modifié par le décret impérial du 13 décembre 1858, sur la réorganisation de la Cour impériale d'Alger.

Pour réaliser une série de réformes qui doivent supprimer de grandes anomalies, pour introduire dans la procédure criminelle un immense progrès, le décret impérial rend à la Cour la prérogative d'évocation, enlève au ministère public la faculté qui lui était accordée par l'article 61 de l'ordonnance du 26 septembre 1842, de faire cesser les poursuites en tout état de cause, soumet la liberté provisoire aux formes du Code d'instruction criminelle; les informations judiciaires sont réglées par des ordonnances émanées, non pas du Procureur-Général, mais du juge d'instruction; enfin, la procédure relative aux contumaces est mise en vigueur.

La création d'une chambre des mises en accusation est la base essentielle du décret.

Voilà donc une nouvelle phase de l'organisation de la Justice criminelle en Algérie.

Une chambre de mises en accusation !!! Voilà un pas fait vers l'assimilation ;... voilà un progrès !

Mais ces dispositions nouvelles sont-elles suffisantes ? Nous ne le pensons pas...

L'accusation a une trop large part dans l'organisation actuelle, les intérêts particuliers ne sont pas suffisamment sauvegardés...

Pendant six mois, isolé complètement

de tous rapports extérieurs, l'accusé se trouve en présence du magistrat instructeur ; — Tous les moyens sont employés pour mettre sa culpabilité en évidence ; les moindres circonstances, les contradictions les plus insigniflantes, tout est relevé, commenté, porté à son passif.

L'instruction terminée, les pièces sont transmises au Procureur-Impérial , qui dresse l'acte d'accusation ; longuement élaboré, cet acte est destiné, d'une part, à la vérification de la Chambre des mises en accusation ; d'autre part, à la constatation des talents du magistrat rédacteur.

C'est d'après la rédaction de ce document que les magistrats du parquet sont classés. — Tous leurs efforts tendent, non à dénaturer les faits, mais à les présenter sous une couleur particulière!

La chambre des mises en accusation statue et renvoie le prévenu devant la Cour d'Assises : les pièces arrivent au chef-lieu quelques jours seulement avant l'ouverture des débats... L'arrêt de la Chambre des mises en accusation est signifié et ce n'est qu'à partir de ce moment que l'accusé peut communiquer avec son défenseur !

L'avocat se présente à la barre, désarmé, n'ayant pu vérifier les assertions produites par l'accusé et s'étant toujours trouvé dans l'impossibilité de faire assigner des témoins à décharge !— Le ministère public prouve, le défenseur allègue et l'arrêt intervient.

Evidemment cet arrêt est juste pour ceux qui le rendent; il est l'expression de leurs sentiments consciencieux, mais est-il juste pour ceux qui le subissent ? telle est la question.

Nous ne dirons pas que les magistrats adoptent un système, écoutent des préjugés, cherchent l'impossible et négligent les éléments qui se présentent à eux; mais nous pensons qu'habitués aux affaires criminelles, en continuelle défiance contre les intérêts mis en jeu devant eux, entraînés par l'opinion du juge d'instruction, par celle du Procureur-Impérial, par l'autorité de l'arrêt de la chambre des mises en accusation, les juges criminels n'accordent pas assez aux circonstances et oublient trop souvent que dans la société il y a encore plus de faiblesses que de crimes !...

« La loi pénale, dans son dispositif, dit Rossi, exprime deux idées : elle proclame qu'un tel fait a les caractères d'un *délit moral*, et que la société a nécessité de le punir. Or, de qui peut-on espérer une expression franche et sincère de ces deux vérités ? »

« La première de ces deux vérités réside dans la conscience de l'homme. Il faut la chercher dans ce sanctuaire ou le bien se tient séparé du mal, le juste de l'injustice ; dans ce tribunal qui se trompe quelquefois, mais qui, du moins, ne trompe jamais. Mais la conscience n'étant pas le partage exclusif de quelques privilégiés, convient-il mieux d'interroger la conscience d'un homme, ou celle d'un grand nombre d'hommes ?... »

« On peut craindre l'erreur du juge intérieur et le mensonge de la part de celui qui revêt de paroles le jugement de la conscience.

« Le *mensonge* est peu à craindre de témoins nombreux et unanimes.

« Les chances d'*erreur* diminuent aussi à mesure que le nombre des consciences interrogées augmente. Les déviations individuelles, les écarts de la passion, doivent se compenser, et le résultat doit être l'expression de la vérité.

« Il n'en serait pas de même si, pour obtenir une réponse, on devait s'adresser à la science et au raisonnement, si l'on demandait le résultat d'une opération logique. Les chances d'erreur croîtraient comme le nombre de personnes consultées, ou du moins plus la science requise serait spéciale et le raisonnement difficile, et plus cette formule approcherait de la vérité.

« C'est là une des raisons pour n'avoir dans une Cour d'Assises que très-peu de juges, mais un plus grand nombre de jurés ; c'est-à-dire très-peu de juges, mais un nombre d'hommes aptes à relever naïvement le sentiment de leur conscience, la conviction qu'ils éprouvent (1). »

L'accusé ne comparaît devant ses juges, qu'après une longue détention préventive : enclins déjà par la nature de leurs fonctions à une condamnation, les juges sont déterminés par cette circonstance que si la prévention a été aussi longue, c'est que des présomptions de culpabilité d'abord, la certitude de cette culpabilité ensuite, ont motivé d'aussi rigoureuses mesures : influencés par cette idée qu'il y aurait eu injustice à retenir aussi longtemps un innocent sous les verroux, ils finissent par se convaincre *que l'accusé est coupable !...* Ils le condamnent.

Nous pourrions fournir la preuve que souvent ce n'est que trois jours, deux jours, quelquefois une heure, avant l'ouverture des débats (2), que le défenseur est prévenu !!... la lettre qui lui fait con-

(1) Rossi, *Traité de droit pénal.*
(2) Ceci s'applique principalement aux Conseils de guerre.

naître le choix de l'accusé, lui confère à la vérité le droit de s'entendre avec lui et de préparer sa défense !!...

La loi, dans sa sagesse, ne veut pas qu'un accusé se présente seul devant ses juges ; s'il en était autrement le faible serait toujours victime du fort et la justice ne serait que l'instrument aveugle des puissants !

Pour que la défense soit utile, il faut qu'elle soit complète.... il faut laisser à l'accusé le temps suffisant pour réunir ses moyens et pour combattre ceux de l'accusation.

Défenseur plein de respect pour les institutions du pays, nous proclamons la vérité à nos risques et périls ; si nous n'hésitons pas à porter un coup au boisseau que la force et l'indifférence posent sur la lumière, c'est que nous sommes investi d'un sacerdoce!... Disons donc bien haut, les intérêts de la justice souffrent,.... il faut des mesures énergiques pour lui rendre son prestige et sa force !...

. . . .

Quels sont les moyens de modifier l'état actuel de l'administration de la Justice criminelle ?

On doit, autant que possible, supprimer les juridictions exceptionnelles !

On doit organiser les jurys !!!

§ II.

De l'Administration de la Justice criminelle en France.

Le premier consul disait : « L'esprit humain a fait trois conquêtes importantés : le jury, l'égalité de l'impôt, la liberté de conscience. »

Bien avant l'organisation du jury, qui ne date en France que de la révolution de 1789, Montesqieu écrivait : « Dans un état fondé sur la liberté politique, la puissance des juges doit être exercée par des personnes tirées du peuple dans certains temps de l'année, de la manière prescrite par la loi, pour former un tribunal qui ne

2

dure qu'autant que la nécessité le requiert...... Il faut que dans les grandes accusations, le criminel, concurremment avec la loi, se choisisse des juges, ou que, du moins, il en puisse récuser un si grand nombre, que ceux qui restent soient censés être de son choix...... Il faut même que les juges soient de la condition de l'accusé ou de ses pairs, pour qu'il ne puisse pas se mettre dans l'esprit qu'il soit tombé entre les mains de gens portés à lui faire violence (1). »

C'était bien là, l'idée du jury, tel qu'il a fonctionné plus tard !

En 1789, la révision des lois criminelles se trouvait consignée comme vœu et comme demande dans tous les cahiers remis par les baillages à leurs députés; aussi, l'Assemblée Constituante ne tarda-t-elle pas à s'occuper de la réalisation d'un vœu aussi unanimement exprimé.

Mais, avant d'examiner quelles phases a traversé la justice criminelle, telle qu'elle

(1) Montesquieu, *Esprit des lois,* liv. XI, chap. 6.

fonctionne en France, il n'est pas hors de propos de dire quelques mots de l'origine du jury.

Moins affirmatif que *Gans*, le célèbre jurisconsulte allemand, nous ne dirons pas que le jury a une origine Germanique.

Sans doute, la civilisation christiano-germanique a régularisé les institutions primitives, mais dès les temps les plus reculés, la soumission des accusés à la juridiction de leurs pairs était connue.

A Sparte, à Athènes, le peuple était appelé à vider toutes les grandes questions judiciaires.

A Rome, le peuple seul pouvait condamner à mort, en prononçant contre un citoyen romain, la dégradation. Le peuple n'était dépouillé de ce droit, que dans le cas où la gravité des circonstances, avait nécessité la création d'un dictateur. Le jugement par le peuple fut aboli par les Empereurs et passa à leurs délégués (Aignan, *Histoire du jury*, p. 89).

Stuenhook, dans l'ouvrage intitulé *De*

jure suenonum (lib. 1, cap. 4), pense que le jury fut institué au ixᵉ siècle par le roi Régnier en Danemark et en Suède, d'où les Danois où Norwégiens l'ont apporté en Angleterre.

Blakstone (*Com. on the lauws of, England,* 63, chap. 23) croit que le jury a été introduit par les Anglo-Saxons dans la Grande-Bretagne.

Un autre historien (Henry, *Hist. of great Britain)* prétend qu'il fut d'abord importé chez les Normands, qui l'introduisirent en Angleterre après la conquête.

Quoiqu'il en soit, le jury, tel qu'il est encore en Angleterre, existait déjà au xiiᵉ siècle : on le voit fonctionner en 1164 ; il existe avec les juges ambulants en 1176 ; il est accordé, en 1194, aux accusés qui veulent être jugés par de simples hommes libres (Achille Morin, *Vᵒ jury).*

Il existe en Angleterre deux jurys : le Grand-Jury, qui statue sur la mise en accusation, le Petit-Jury, qui juge le fait imputé aux accusés.

Lorsqu'en France éclata le besoin si longtemps comprimé des institutions libérales, lorsque les priviléges créés et si précieusement conservés par la noblesse durent s'incliner et s'effacer devant la volonté d'un souverain naissant,.... *le peuple*, de toutes parts, l'institution du jury fut réclamée !...

Dans une loi du 24 août 1790, loi votée sur deux rapports faits, l'un par Bergasse, au nom du Comité de constitution, l'autre par Thouret, au nom du Comité judiciaire et après les discours de Duport et de Tronchet, l'Assemblée Constituante posa et reconnut en principe la création des jurys.

La Constitution de 1791 donna une consécration formelle à ce principe et décida qu'en matière criminelle nul ne pourrait être jugé que sur une accusation reçue par des jurés... L'accusation admise, le fait devait être reconnu et déclaré par des jurés... L'application de la loi devait être faite par des juges...

C'était bien l'adoption du mode anglais !...

L'Assemblée Nationale décreta d'abord un Code d'instruction criminelle qui fut sanctionné le 29 septembre 1791, puis un Code pénal qui fut également sanctionné le 6 octobre de la même année.

Ces Codes restèrent en vigueur jusqu'en 1796 (3 brumaire an IV).

Le système de Code du 3 brumaire an IV, maintenu implicitement par la loi du 27 ventôse an VIII, consacrait la division des Tribunaux en deux catégories : — les Tribunaux civils et les Tribunaux criminels.

Dans chaque arrondissement, il y avait un Tribunal civil (autrefois Tribunal de district) ; — pour un certain nombre de départements, il y avait un Tribunal d'appel ; — de plus, il existait dans chaque département un Tribunal criminel qui fonctionna avec le concours des jurys : nous disons des jurys, car il existait alors en France comme en Angleterre un jury d'accusation et un jury de jugement.

Le 7 germinal an ix, un arrêté du Gouvernement nomma des commissaires chargés de rédiger et de présenter un projet de Code criminel. — Le travail terminé et suivi des observations des Tribunaux d'appel, fut soumis à la section de législation du Conseil d'Etat dans la séance du 16 prairial an xii (5 juin 1804).

Pendant plusieurs années, successivement repris, abandonné, le projet resta en suspens ; dans la séance du 8 janvier 1808, les débats recommencèrent et l'Empereur prit la parole pour exprimer le désir de voir les deux parties du corps judiciaire se réunir ; voici les termes des observations produites :

« *Sa Majesté* dit que la question n'a encore été traitée que sous le rapport de la considération qu'il importe d'assurer aux juges ; les uns ont prétendu que cette considération dépend du nombre ; les autres, qu'elle dérive de la nature des fonctions.

» Mais il est un point de vue beaucoup

plus important, sous lequel il convient d'envisager la question.

» La réunion de la justice criminelle à la justice civile ne doit pas seulement avoir pour objet d'établir des corps dont la dignité impose davantage au public, aux accusés, aux défenseurs. *Sa Majesté*, en adoptant cette opinion, s'est surtout décidée par le désir de donner plus d'intensité à la justice criminelle.

» Dans l'état actuel des choses, la poursuite des crimes est confiée à un magistrat de sûreté, à un juge instructeur, au Procureur-Général, fonctionnaires isolés, qui ne trouvent pas en eux assez de force pour attaquer les *coupables puissants*. Le Tribunal ne peut les mettre en mouvement, ni ranimer leur énergie; car, il est sans pouvoir sous ce rapport et, le président le plus ferme dans ses fonctions, verrait commettre un délit, qu'il serait réduit à en être le témoin passif.

» Il faut, si le ministère public néglige ses devoirs, que la Cour criminelle puisse le mander et lui ordonner de poursuivre.

» Mais on ne doit pas attendre tant de fermeté de tribunaux composés d'un président et de deux assesseurs, qui ne sont pas soutenus par la force de l'opinion et que les avocats dominent.

.» Il est naturel que les juges criminels soient moins considérés que les juges civils ; la science du droit civil supposant des connaissances très-étendues, concilie plus d'estime à ceux qui la possèdent, que la science très-restreinte du droit criminel.

» Les fonctions de juge civil imposent aussi davantage aux avocats, car comme ce sont les causes civiles qui font leur fortune, il est certain qu'ils auront toujours plus de ménagements et de respect pour les Tribunaux qui jugent ces sortes d'affaires.

» ..... Le ressort de la justice criminelle n'est pas assez étendu ; et dès lors, l'ordre civil n'est pas constitué en France, car il n'existe que lorsque la justice criminelle contient chacun dans le devoir.

*C'est surtout dans les pays qui ont une puis-
sance militaire considérable, qu'il convient
de l'organiser fortement, afin que, dans tous
les temps, il arrête le torrent de la force!...*

» Voilà le rapport sous lequel la réunion de la justice criminelle devient nécessaire : il s'agit de former de grands
corps, forts de la considération que donne
la science civile; forts de leur nombre,
au-dessus des craintes et des considéra-
tions, qui fassent pâlir les coupables, que's
qu'ils soient, et qui communiquent leur
énergie au ministère public. Il s'agit, enfin,
d'organiser la poursuite des crimes ; *elle
est nulle dans l'état actuel des choses.* »

Ces paroles sont-elles hors de propos
lorsqu'il s'agit de l'administration de la
justice criminelle en Algérie ?...

Sans doute, le service de la justice est
placé assez haut dans l'opinion publique,
pour que nous n'admettions pas comme
absolument applicables à la situation actuelle, les raisonnements produits à l'appui
de la pensée généreuse de l'Empereur ;

mais aujourd'hui comme alors, le besoin d'organiser fortement le service judiciaire, *afin qu'il arrête le torrent de la force*, se fait sentir.

La réunion des deux justices et la conservation du jury de *jugement* furent décretés !

C'est de 1808 que date l'organisation actuelle du service de la justice en France.

Tous les trois mois, il est tenu des assises dans chaque département pour y juger les individus que la Cour impériale y renvoie (art. 251 et 259 du Code d'instruction criminelle).

Avant la loi du 4 mars 1831, les assises étaient tenues par un conseiller président et par quatre assesseurs ; aujourd'hui, par suite de modifications apportées par la loi précitée, dans les départements où siégent les Cours impériales, les assises sont tenues par trois membres de la Cour, dont l'un est président.

Les fonctions du ministère public sont remplies, soit par le Procureur-Général, soit par un des avocats généraux, soit par un substitut du Procureur-Général (art. 252, c. inst. cr.).

Dans les autres départements, la Cour d'Assises est composée : 1° d'un Conseiller à la Cour impériale, délégué à cet effet et qui est président de la Cour d'Assises; 2° de deux juges pris, soit parmi les conseillers de la Cour royale, lorsque celle-ci jugera convenable de les déléguer à cet effet, soit parmi les présidents ou juges du Tribunal de première instance du lieu de la tenue des assises; 3° du Procureur impérial près le Tribunal, ou de l'un de ses substituts, sans préjudice des droits réservés au Procureur-Général (art. 253, inst. c.).

Les membres de la Cour qui ont voté sur la mise en accusation ne peuvent, dans la même affaire, ni présider les assises, ni assister le président, à peine de nullité.

La Cour d'Assises est complétée par un jury composé conformément aux dispositions des articles 381 et suivants du Code d'instruction criminelle.

Les jurés sont consultés sur l'existence du fait et sur l'intention qui a guidé l'auteur.

Les magistrats appliquent la loi, au fait déclaré constant.

Les différences qui existent entre la constitution des Cours d'Assises en Algérie et la constitution des Cours d'Assises en France, sont donc les suivantes :

— En Algérie, les Cours d'Assises fonctionnent sans l'assistance du jury…

—Elles se composent de trois conseillers délégués et de deux juges du Tribunal civil.

— Elles se tiennent dans tous les Tribunaux d'arrondissement.

— Le juge qui a fait l'instruction peut prendre part au jugement !…

§ III.

Des réformes à introduire dans le régime actuel.

Nous ne sommes pas partisans de l'assimilation quand même….. Nous pensons

que l'assimilation ne peut être que progressive... Au fur à mesure que les éléments de la colonie se rapprochent des
éléments qui se rencontrent en France, les
institutions de l'Algérie doivent se rapprocher graduellement des institutions de la
métropole.

Il y a dix ans, la composition du jury
eut été difficile : aujourd'hui il n'en est
plus ainsi... Cependant, on ne doit pas
se dissimuler que la société n'est pas
encore constituée dans la colonie comme
dans la mère-patrie !...

Pionniers de la colonisation, ceux qui
sont venus s'établir ici, élèvent laborieu-
sement l'édifice d'une fortune due à leurs
travaux incessants... Il y aura certainement un préjudice plus ou moins appré-
ciable, pour ceux qui à certaines époques
de l'année, seront contraints d'abandonner
leurs occupations, mais il n'est pas impossible de concilier tous les intérêts.

Les partisans de l'organisation du jury
en Algérie, — ils sont nombreux, — pro-

posent plusieurs combinaisons ; nous réduisons à deux les systèmes énoncés :

..... La Cour d'Assises tiendrait ses sessions dans chacun des chefs-lieux des trois départements !... — Les jurés seraient pris dans tout le département.

Ou bien :

La Cour d'Assises tiendrait ses sessions dans chaque arrondissement et les jurés ne seraient pris que dans l'arrondissement.

Il est incontestable que la première proposition n'est pas réalisable. Le territoire est trop étendu pour songer à n'établir qu'une seule Cour d'Assises par département ; le très-grand nombre d'affaires criminelles, nombre qui ne peut qu'augmenter en raison directe de l'agrandissement du territoire civil et de la suppression des juridictions exceptionnelles, rendrait indispensable la permanence des sessions..... Détournés pour longtemps de leurs affaires, rebutés par les ennuis d'une longue session et par les difficultés du voyage, bien des personnes déclineraient l'honneur des fonctions de *juré*. — Une centralisation complète entraînerait d'énormes déplacements pour les témoins et pour les membres du jury, augmenterait dans une proportion considérable les frais de justice criminelle, et présenterait le danger de mettre les débats et le châtiment trop loin du lieu où le crime aurait été commis.

Le second projet est évidemment préférable au premier; chaque tribunal d'arrondissement peut avoir ses sessions d'assises !

On remarquera sans doute, que nous changeons les termes de la proposition énoncée plus haut; nous ne disons pas la Cour d'assises tiendra ses séances dans chaque · chef-lieu d'arrondissement, nous disons, les tribunaux. d'arrondissement auront leurs sessions d'assises; — C'est avec intention que nous nous exprimons ainsi, car dans notre opinion les modifications a apporter à l'administration de la justice criminelle ne consistent pas seulement à adjoindre un jury à la Cour telle qu'elle fonctionne actuellement, mais bien à en changer radicalement la composition.

Nous avons exposé plus haut qu'avant 1858, le service de la justice se composait de juges civils et de juges criminels, nous avons dit les raisons qui avaient déterminé la fusion et la réunion des différentes branches de l'administration de la justice en un seul corps.

Aujourd'hui tous les magistrats appartiennent à la même compagnie; il n'y a plus entre eux que des différences de position fondées sur l'âge et l'expérience.

Il n'est plus nécessaire de donner au service judiciaire une autorité qu'il a su conquérir par son indépendance et sa loyale fermeté ; nous ne voyons donc pas ce qui empêcherait de faire entrer dans la composition des Cours d'Assises, les juges d'arrondissement, assistés du jury.

Non seulement les conseillers ne s'exposeraient pas aux dangers, aux fatigues de voyages toujours pénibles, mais leur présence au sein de la Cour activerait la marche des affaires civiles en appel.

Connaissant l'accusé, ses habitudes, ses vices et ses qualités, après la constatation du fait, les juges de l'arrondissement, avant d'appliquer la loi, interrogeraient leur conscience, consulteraient leurs souvenirs et ne créeraient pas d'inutiles rigueurs.

Vainement on prétendrait que le juge résidant sur les lieux n'est pas suffisamment dégagé des influences locales ; cette considération n'aurait pas grande importance par suite de la création des jurys, puisque les magistrats n'auraient qu'à appliquer la loi au fait déclaré constant.

Les Cours d'Assises tiennent leur autorité non du nombre ou de la considération de ses membres, elles tiennent cette autorité de l'idée profondément juste, qui fait concourir le citoyen à l'appréciation du fait reproché à son concitoyen.

Que le jury soit créé, et la justice criminelle occupera dans l'opinion publique le rang qui lui convient.

Si cette organisation paraissait trop absolue dans son principe, pour se rapprocher davantage des institutions de la France, on pourrait confier la présidence du jury, à un membre de la Cour, qui se rendrait alternativement dans chacun des arrondissements et qui serait assisté des juges du Tribunal ; satisfaction serait ainsi donnée à bien des susceptibilités.

§ IV.

Du Jury et de la manière de le former.

« Le caractère dominant du jury, celui qui le recommandait avant tout à l'Assemblée constituante, comme cadrant avec les idées politiques qu'elle proclamait, c'est l'intervention directe, immédiate, de la société dans les affaires qui l'intéressent le plus ; c'est le jugement par le pays, c'est

le concours ds chaque citoyen dans l'exercice journalier des actes qui protégent la
sécurité sociale et constituent ainsi, non
pas sans doute l'unique but, mais au moins
le principal but de toute justice pénale (1). »

C'est donc sous ce rapport que le jury
doit être envisagé.

En établissant une Cour d'Assises dans
chaque arrondissement, les membres du
jury seraient choisis parmi les habitants de
l'arrondissement.

En France, nul ne pouvait remplir les
fonctions de juré s'il n'avait trente ans
accomplis et s'il ne jouissait des droits
civils et politiques, à peine de nullité.

Telle était la rédaction de l'article 381
du Code d'instruction criminelle, qui a été
abrogé implicitement par le décret du 7
août 1848, abrogé à son tour par l'art. 1er
de la loi du 4 juin 1853 qui, en donnant
une plus grande efficacité aux prescrip-

(1) Boitard, *Droit criminel.*

tions relatives au choix des jurés, s'exprime ainsi :« Nul ne peut remplir les fonctions de juré à peine de nullité, s'il n'est
âgé de trente ans accomplis, s'il ne jouit
des droits politiques, civils et de famille,
et s'il est dans l'un des cas d'incapacité ou
d'incompatibilité prévus par la loi. »

Cet article modifié, mis en rapport avec
l'état de ceux qui habitent l'Algérie, servi-
rait de base à la formation du jury.

...« *Nul ne peut faire partie du jury,
s'il n'est âgé de trente ans accomplis...*

» Aucune objection ne peut être faite
relativement à la condition d'âge.

» ... *S'il ne jouit des droits politiques,
civils et de famille...* »

Si l'on ne pouvait désigner que ceux qui
jouissent des droits politiques, civils et de
famille, évidemment la création du jury
serait impossible par suite des difficultés
de recrutement; en effet, à part les fonctionnaires, à part un très petit nombre de personnes qui pourraient jouir, mais qui ne
jouissent pas, en Algérie, de leurs droits

politiques, la population du pays est composée d'éléments étrangers.

Ici, se placent naturellement les questions suivantes que sont par rapport a nous les indigènes musulmans, et israélites?.....

Les étrangers qui sont venus se fixer en Algérie depuis la conquête, ou qui y étaient avant, doivent-ils être considérés comme des étrangers?.....

Les musulmans et les israélites indigènes ne jouissent pas, il est vrai, de la qualité de citoyens français, puisque cette qualité résulte de l'aptitude à des droits politiques qui ne leur ont pas encore été concédés; mais, évidemment, ils sont Français; cette dernière qualité ne résulte pas pour eux de la loi, mais seulement du fait de la conquête. « On sent, dit Serrigny, que la solution des questions de ce genre ne peut pas dépendre d'une disposition écrite, *à priori*, dans la législation, ou d'une règle de droit fixe, à moins qu'on ne dise que l'incorporation ne peut jamais résulter pour nous que d'une déclaration formelle et positive, écrite dans une loi proprement dite, ce qui ne me paraît pas admissible : sans doute la loi est l'acte le plus clair et le plus éminent de la volonté nationale; mais cette volonté peut se manifester par une occupation successive et prolongée, et par une série d'actes émanés du Gouvernement et des Chambres, qui n'auraient point le caractère d'une déclaration formelle et précise écrite dans la loi. »

Pothier, Duranton, Touillier, Rodière, Coin-Delisle, d'accord avec tous les auteurs, professent que, dès l'instant de la réunion à la France, les habitants du territoire réuni sont investis de plein droit de la qualité de Français et capables de tous les droits civils : ils n'ont pas besoin de déclarer qu'ils veulent faire partie de la nation française.

Si, par droit de conquête, la réunion d'un pays à un autre frappe sur le territoire et les indigènes du pays, il n'en est pas de même quant aux non indigènes ou étrangers résidant au moment de la réunion ou arrivés depuis..... Ceux-là restent étrangers sur une terre française !

L'article 7 du Code Napoléon dispose que, l'exercice des droits civils est indépendant de la qualité de *citoyen*, et l'art. 30 du même Code déclare que, l'étranger admis par l'autorisation du chef de l'Etat à établir son domicile en France, y jouira de tous les droits civils tant qu'il continuera d'y résider.

Ainsi donc, les indigènes doivent jouir des droits civils et les étrangers pourraient en jouir, si leur établissement dans la colonie avait été autorisé par un décret.

Pour donner aux uns comme aux autres l'exercice des mêmes droits, pour les placer sur des lignes parallèles, il suffirait d'un acte du Gouvernement qui déciderait que tous les étrangers qui ont domicile et établissement dans la colonie, depuis plus de deux ans, par exemple, sont admis à l'exercice des droits civils. Non seulement une disposition pareille aurait pour consé-

quence de faire disparaître les inégalités
résultant des positions différentes, d'amener à une unité désirable, mais encore de
provoquer l'émigration, en r'assurant les
étrangers, sur un avenir qui ne peut être
profitable qu'autant que leurs droits et
leurs obligations, dans le pays d'adoption,
seront réellement définis.

Sans doute, la décision prise, les difficultés ne seraient pas tranchées, car il ne
suffit pas, en France, d'exercer les droits
civils, d'avoir la qualité de Français pour
être juré; il faut, avant tout, être citoyen
Français, c'est-à-dire jouir de l'exercice
des droits politiques !...

Or, « le législateur n'a énuméré nulle part
les droits que l'on doit considérer comme
politiques; encore moins a-t-il établi net-
tement la séparation entr'eux et les droits
purement civils; il semble même les avoir
confondus à dessein, en comprenant dans
la nomenclature des privations qu'entraîne
la dégradation civique (Code pénal, art 347)
des droits purement civils ou de droit

privé, alors que ce titre même de la peine semblait ne devoir s'appliquer qu'à des droits civiques ou de cité. — L'article 42 du même Code les énumère également, sans établir entre eux aucune distinction, des droits politiques ou civiques et des droits civils. (Serrigny, *Traité du Droit public*, t. 1, p. 169.)

Les droits politiques consistent donc dans l'action que les lois constitutionnelles accordent aux citoyens pour concourir, par leurs votes, à la formation des autorités constituées, et à être éligibles.

Certainement, il y aurait de graves inconvénients à concéder, soit aux indigènes, soit aux étrangers, l'exercice plein des droits politiques, mais ne pourrait-on pas les sortir progressivement de l'état d'ilotisme et d'incertitude où ils se trouvent ?

Qu'y aurait-il de fâcheux à décider que l'exercice des fonctions de juré n'est pas compris dans l'exercice des droits politiques ?

Il ne s'agit pas, pour un juré, de concourir à l'établissement et à la jouissance des fonctions publiques ; il s'agit bien, il est vrai, de l'intérêt général au point de vue de la répression des crimes et de la moralisation des masses, mais il s'agit aussi d'un intérêt privé qui doit être scrupuleusement ménagé.

L'exercice des fonctions de juré rentre plutôt dans l'exercice des droits civils que dans l'exercice des droits politiques.

Ce principe admis, les indigènes étant Français et les étrangers le devenant, par un séjour prolongé pendant un temps déterminé, toutes les difficultés cessent et les uns comme les autres deviennent jurés Français !

Dans le cas ou cette proposition serait repoussée, pourquoi n'admettrait-on pas les indigènes et les étrangers à concourir à la composition du jury ?

La nécessité du jugement d'un accusé par ses pairs, semble aux Anglais si impérieuse et si absolue, qu'ils admettent pour tout accusé étranger un jury composé par moitié d'étrangers et de nationaux.

Serait-il impossible d'admettre ce système, en réduisant toutefois à un tiers le nombre des jurés indigènes ou étrangers?

Un indigène traduit devant la Cour reste, pour ainsi dire, étranger au débat !

Les questions les plus graves s'agitent en sa présence, mais il ne comprend pas et ne peut se justifier. Souvent, la physionomie de ses réponses échappe aux magistrats qui ne se préoccupent que de la traduction plus ou moins fidèle d'un interprète quelquefois incapable...... — Dieu merci, il y en a peu, mais on en rencontre quelquefois!....

La présence d'un certain nombre de jurés parlant la langue de l'accusé, comprenant ses réponses, en appréciant la portée, lui donnerait une confiance nécessaire et serait d'un utile secours pour la saine interprétation des débats.

A ceci, on peut objecter que les jurés indigènes ou étrangers, n'entendant qu'avec peine la langue française, ne suivraient peut-être pas suffisamment les déductions logiques de l'accusation et la portée de l'argumentation de la défense !... Qu'importe !..... C'est bien plus dans l'impression produite par l'accusé lui-même, que dans celle qui résulte d'une accusation fermement soutenue, d'une défense habilement présentée, que le jury puise son verdict.

Non seulement il n'y aurait pas d'inconvénient à faire participer les indigènes et les étrangers à l'appréciation du fait, mais cette manière de faire procurerait des avantages importants, au nombre desquels on peut placer l'initiation progressive à nos moyens judiciaires et à leur emploi.

Vainement on prétendrait que l'accusé soumis à un jury composé d'éléments étrangers ne serait pas jugé par ses pairs !... La justice est l'obligation et la défense de l'homme, elle découle de la nécessité de respecter les autres et de se respecter soi-même !

Dans les premiers temps, le père chef de famille, rendait la justice pour venger au besoin, la famille outragée ; aujourd'hui, par extension, se substituant à la famille, la société tire satisfaction des outrages dont elle a été victime, et par de sévères exemples, elle tend plutôt à prévenir qu'à réprimer.

Le mal moral est absolu, et, malgré la diversité d'origine, chaque peuple puise ses moyens d'appréciation dans une règle de conscience qui est toujours la même.

Le degré du mal moral, est bien, il est vrai, en proportion de la nature du devoir violé, mais à notre époque, partout le devoir est défini par cette formule : « Ne faites pas à autrui ce que vous ne voudriez pas qu'il vous fît. »

Qu'importe donc que les jurés appartiennent à telle nationalité ou à telle autre ?..... Ne suffit-il pas d'être doué d'un sens droit, d'un jugement sain pour être bon juré ?

Pour toutes les affaires, le jury serait composé de deux tiers de citoyens Français et d'un tiers de Français (indigènes) ou d'étrangers assimilés.

Les jurés seraient choisis parmi les propriétaires, les négociants ou commerçants et les fonctionnaires.

Ne pourraient être jurés : ceux qui ne sauraient ni lire ni écrire leur langue maternelle, les domestiques ou serviteurs à gage, les interdits et les individus pourvus d'un conseil judiciaire, les faillis non réhabilités, ceux qui seraient en état d'accusation ou de contumace, les individus condamnés soit à des peines afflictives ou infamantes, soit à des peines correctionnelles pour faits qualifiés crimes par la loi, ou pour délits de vol, d'escroquerie, abus de conflance, attentat aux mœurs, vagabondage ou mendicité et ceux qui, à raison de tout autre délit auraient été condamnés à plus d'un an d'emprisonnement. (Art. 3 du déc. du 7-12 août 1848.)

Les incompatibilités seraient réglées par les lois de la métropole.

La première année, les Préfets et Sous-

Préfets dresseraient des listes comprenant pour chaque arrondissement le nom de cent quarante-quatre personnes aptes à remplir les fonctions de juré.

Sur chacune de ces listes, les indigènes et les étrangers assimilés, figureraient séparément dans la proportion d'un tiers, c'est-à-dire, au nombre de quarante-huit.

Ces listes imprimées, seraient affichées du premier au quinze du mois de janvier.

Pendant un délai de quinzaine toutes observations relatives à l'inscription, seraient reçues sur un registre à ce destiné.

Le Préfet serait tenu de statuer, en conseil de préfecture, dans la première quinzaine de février, sur les observations consignées et sur les réclamations produites, un mois avant l'ouverture des assises; le Président du Tribunal civil tirerait au sort, sur la liste transmise par le Préfet, les noms de vingt-quatre jurés, citoyens français, et les noms des douze jurés français (indigènes) ou étrangers assimilés.

Les dispositions du Code d'instruction criminelle seraient observées en ce qu'elles auraient de relatif aux convocations, aux peines contre les défaillants, aux excuses, à la notification aux accusés et aux récusations.

Le nombre de douze personnes serait nécessaire pour la formation du jury de jugement.

Les jurés citoyens français, les jurés étrangers assimilés et les israélites, prêteraient serment entre les mains du Président des assises; les jurés musulmans prêteraient serment entre les mains du Cadi à ce mandé et assistant la Cour pour cette formalité seulement.

La seule difficulté qui naîtrait de ce système, serait celle qui résulterait de la formation des listes!

Comme il ne serait pas juste de donner à cent quarante-quatre personnes de l'arrondissement la charge annuelle du jury, il serait facile, la première liste ayant été publiée, d'ajouter chaque année le nom de quarante-huit personnes aptes à remplir les fonctions de juré, de manière à pouvoir renouveler la liste en trois ans.

L'inscription des jurés nouveaux serait soumise aux formalités observées lors de la publication de la première liste.

Si le principe de la création du jury était admis, il serait aisé de l'organiser.

En dessinant à grands traits les raisons qui rendent nécessaire une institution désirée par tous ceux qui s'intéressent vraiment à la sécurité du pays et à la sûreté des habitants, en esquissant largement les moyens d'arriver à la réalisation des vœux formés, nous n'avons pas la prétention d'indiquer les règles à adopter et à suivre définitivement : s'il est vrai que *du choc des opinions jaillisse la lumière*, nous serons heureux qu'une juste critique en s'attaquant à nous, appelle l'attention du gouvernement sur une aussi grave question et indique les moyens les plus sûrs d'arriver à un heureux résultat.

La pratique de chaque jour nous apprend

que devant nos Cours d'Assises les acquit-
tements sont pour ainsi dire impossibles.
La pureté des intentions des magistrats
qui mettent tant de zèle dans la poursuite
et la répression des crimes, excuse les
erreurs qu'ils peuvent commettre, mais
ne suffit pas pour donner aux intérêts particuliers une légitime satisfaction et des
garanties suffisantes; aussi, demandons-
nous avec insistance la formation du jury
en laissant à de plus capables que nous, le
soin d'en assurer la marche régulière.

A côté du besoin impérieux d'une création aussi importante, se place la nécessité de laisser aux accusés la possibilité de
se défendre utilement!...

Pour atteindre ce but, il faudrait leur
signifier l'arrêt de la chambre des mises
en accusation en leur laissant, entre cette
signification et l'ouverture des débats, un
temps suffisant pour préparer leurs moyens
de justification et pour appeler des témoins à décharge.

Les délais sont religieusement observés

en matière civile; nul ne peut amener un adversaire sans l'avoir laissé libre de réunir ses preuves et de préparer sa réponse.

Pourquoi n'en serait-il pas ainsi lorsqu'il s'agit d'intérêts plus graves, lorsqu'il s'agit non pas de la fortune, mais de l'honneur des familles !....

Si les accusés devaient être jugés sur les pièces de l'instruction, il serait inutile de sacrifier à la forme et de leur accorder une audience publique.

Si, au contraire, les débats ont pour but de laisser au ministère public toute liberté d'accusation et à l'accusé toute possibilité de défense, le système doit être modifié!

En écrivant ces lignes, nous ne succombons pas au désir d'obtenir un succès littéraire! ce que nous avons dit se trouve partout !

Défenseur, nous avons voulu seulement élever la voix en faveur de ceux dont la loi nous confie la position..............

Nous ne reculons jamais devant l'accomplissement d'un devoir !

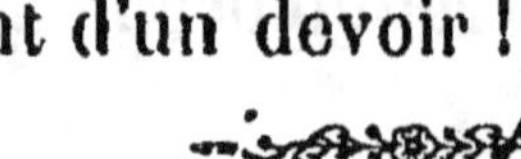

9 782013 556897